Bibliografische Information der Deutschen Nationalbibliothek:

Die Deutsche Bibliothek verzeichnet diese Publikation in der Deutschen National-
bibliografie; detaillierte bibliografische Daten sind im Internet über http://dnb.d-
nb.de/ abrufbar.

Impressum:

Copyright © 2016 GRIN Verlag, Open Publishing GmbH
Druck und Bindung: Books on Demand GmbH, Norderstedt Germany
ISBN: 9783668550766

Dieses Buch bei GRIN:

http://www.grin.com/de/e-book/377515/rsa-und-dessen-ausbauversuch-rsaodn-
vergleich-zweier-kryptosysteme

Moritz Jahn

RSA und dessen Ausbauversuch RSAODN. Vergleich zweier Kryptosysteme

GRIN Verlag

GRIN - Your knowledge has value

Der GRIN Verlag publiziert seit 1998 wissenschaftliche Arbeiten von Studenten, Hochschullehrern und anderen Akademikern als eBook und gedrucktes Buch. Die Verlagswebsite www.grin.com ist die ideale Plattform zur Veröffentlichung von Hausarbeiten, Abschlussarbeiten, wissenschaftlichen Aufsätzen, Dissertationen und Fachbüchern.

Besuchen Sie uns im Internet:

http://www.grin.com/

http://www.facebook.com/grincom

http://www.twitter.com/grin_com

RSA UND RSAODN

MORITZ JAHN

Facharbeit von Moritz Jahn

Thema: Kyptologie - Verschlüsselungsmethoden

Aufgabe: Entwicklung einer Verschlüsselungsmethode mit Anlehnung an die RSA-Methode

Gliederung

1 Einleitung

1.1 Vorwort

Die Kryptologie ist die Lehre des Ver- und Entschlüsselns von Botschaften. Sie begleitet uns seit jeher, egal, ob als eine geheime Nachricht an unseren Klassenkameraden oder als verschlüsselten Angriffsbefehl an unsere Kampftruppe. Welchen Zweck eine Verschlüsselung auch verfolgt – sie wird immer mit dem Ziel angewandt, einen Dritten von dem Nachrichtenverkehr auszuschließen. Kryptologie ist mehr als nur Mathematik. Sie ändert unser strategisches Denken. Seitdem es Menschen gibt, die etwas geheim halten wollen, gibt es auch diese Wissenschaft. Die wohl bekannteste Verschlüsselungsmethode ist der Cäsar-Code. In diesem vermutlich ältesten Algorithmus findet bereits ein Prinzip Anwendung, welches im Jahr 1883 als Kerckhoffs' Maxime bekannt wurde. Ein Grundsatz dieser lautet demnach, dass die Sicherheit einer kryptologischen Methode nicht von der Geheimhaltung eines Algorithmus abhängen darf, sondern sich auf die Geheimhaltung frei wählbarer Eingangsgrößen gründet (vgl. Wikipedia). In modernen kryptologischen Verfahren sind diese beispielsweise die geheimen Schlüssel, die ausschließlich in ihr vorhergesehenes Schloss passen, welches eine Kiste mit einem geheimen Inhalt verriegelt.

Diese Arbeit handelt von zwei modernen Systemen, die Schlüssel als Eingangsgrößen für einen festen mathematischen Algorithmus verwenden und versucht, die Funktionsweisen, Anwendungsmöglichkeiten und ihre Tücken aufzuzeigen.

1.2 Begründung der Themenwahl

Geheimnisse begeistern mich seit frühester Kindheit, egal, ob es um das Geheimnis meiner Eltern über die Deaktivierung der Kinderschutzvorrichtung an unserer Mikrowelle oder um die Entwicklung einer geheimen Sprache ging. Mit meinem Interesse an der Informatik wuchs der Spaß an der Mathematik und ich begann, über Verschlüsselungsalgorithmen nachzudenken. Ich entwickelte

3

eine Software, welche die gewünschten Ordner eines USB-Sticks nach noch nicht verschlüsselten Dateien durchsuchte und diese anschließend mithilfe des Programms 7zip, das den amerikanischen Verschlüsselungsstandard (engl. AES: American Encryption Standard) anwendet, verschlüsselt. Findet mein Programm keine Dateien mehr, die es mithilfe von 7zip verschlüsseln kann, beginnt es mit der Entschlüsselung des Inhalts der gewünschten Ordner. Nur wer im Besitz des Schlüssels ist, kann die verschlüsselten Dateien wieder brauchbar machen. Nach der Freude über das funktionierende Programm legte ich mich auf das Thema Kryptologie fest. Ich habe mich für das RSA-Verfahren entschieden, weil ich den Algorithmus und die Sicherheit dieses Verfahrens faszinierend finde. Des Weiteren habe ich mich für die Entwicklung einer eigenen Verschlüsselungsmethode entschieden, da ich dies schon immer tun wollte. Leider wird es mir nicht möglich sein, ein asymmetrisches Verschlüsselungsverfahren neu zu erfinden. Ich werde das RSA-Verfahren modifizieren, um es sicherer zu machen.

1.3 Zielstellung der Arbeit

Bis jetzt gibt es zwar keine Möglichkeiten, den RSA-Algorithmus schnell und unkompliziert zu lösen - Allerdings wird es irgendwann Maschinen geben, die dieser Fähigkeit mächtig sind. Mein Ziel ist es, das moderne Verschlüsselungsverfahren RSA vorzustellen und ein wenig sicherer zu machen. Mit der Entwicklung eines erweiterten und asymmetrischen Kryptosystems kann ich die Möglichkeit, dass irgendwann eine Entschlüsselung durch einen Angreifer gelingt, zwar nicht verringern oder gar ausschließen, aber dafür sorgen, dass der Angreifer nichts mit dem entschlüsselten Text anfangen kann. Das Geheimnis der Funktionsweise dieses Verfahrens lüfte ich in Punkt 3. Im Weiteren möchte ich beide Verschlüsselungsmethoden sowohl sicherheitstechnisch vergleichen, als auch einen Vergleich der Einfachheit der Anwendung der Verfahren aufstellen.

4

2 Das RSA-Verfahren

2.1 Das Konzept

Jeder kennt noch die kleinen Chiffrier- Scheibchen, in denen das Alphabet um n Stellen verschoben wurde. Die Zahl n nennt man in der Kryptologie „Schlüssel". Im weiteren Textverlauf werde ich die Kommunikationsbeispiele mit den Kommunikationspartnern Alice und Bob veranschaulichen. Nur wenn Bob den Schlüssel kannte, konnte er den verschlüsselten Text in eine lesbare Form bringen. Natürlich muss Alice die Nachricht zuvor mit exakt diesem Schlüssel verschlüsselt haben. Jeder benutzt also den gleichen Schlüssel. Ein solches System bezeichnet man in der Kryptologie als symmetrisches Kryptosystem. Nun betrachten wir aber die Theorie, dass es zwei Schlüssel gibt. Einen Schlüssel zum Verschlüsseln, einen anderen zum Entschlüsseln. Ein System dieser Art bezeichnet man als asymmetrisches Kryptosystem. Das moderne kryptologische Verfahren „RSA" ist dem letzteren System zuzuordnen. Der Name setzt sich aus den Anfangsbuchstaben der Nachnamen der Erfinder Ronald Rivest, Adi Shamir und Leonard Adleman zusammen. Ich werde hier aber nicht weiter auf die Historie eingehen. Stattdessen werde ich anhand der beiden Kommunikationspartner Alice und Bob das Verfahren anschaulich beschreiben. Alice hat vor, eine Nachricht an Bob zu verfassen. Die beiden sind ein Liebespaar. Sie möchten aber nicht, dass Max etwas davon mitbekommt. Max ist nämlich die Gerüchteküche in der Schule und möchte nun beweisen, dass die Liebestheorie, die er einst veröffentlichte, stimmt. Bob verdächtigt Max, dass Max die Briefe von Alice und Bob abfängt. In einigen Testbriefen war der Umschlag bereits geöffnet. Also grübelt Alice nach einer alternativen Kommunikationsmöglichkeit. Bob sucht im Internet nach Möglichkeiten, eine Geheimschrift zu entwickeln. Allerdings ist Bobs Schrift so sonderbar ausgeprägt, dass man glaubt, seine normale Schrift wäre bereits eine Geheimschrift. Also sucht er, als leidenschaftlicher Mathematiker, nach einer Möglichkeit, seinen Text zu verschlüsseln. Er probiert es mit Rotation. Aus dem Geschichtsbuch hatte er gelernt, dass sich auch Julius Cäsar dieser einfachen Methode bediente. Eine Rotationsverschlüsselung (häufig auch als ROT-n bezeichnet) rotiert die Buchstaben des Alphabets um n Stellen weiter. Zum Beispiel wird bei Anwendung von ROT-1 der Buchstabe ‚a' zum Buchstaben ‚b'. Allerdings könnte man mit der sogenannten „Brute-Force"-Methode (engl. für „rohe Gewalt") jede der 25 Möglichkeiten ausprobieren und überprüfen, bei welchem Schlüssel (n) ein sinnvolles und lesbares Wort herauskommt. Bob stößt auf das RSA-Verfahren. Er liest sich in einem Mathematikbuch an, dass jeder Benutzer einen öffentlichen Schlüssel und einen privaten Schlüssel berechnet. Es gibt also zwei Schlüssel. Die Theorie besagt, dass Bob jedem seinen öffentlichen Schlüssel geben könnte. Seinen privaten Schlüssel gibt er weder Alice noch sonst irgendwem. Obwohl der öffentliche Schlüssel mathematisch und logisch mit dem privaten Schlüssel zusammenhängt, ist es momentan nicht möglich, aus dem öffentlichem Schlüssel den privaten Schlüssel zu schließen. Bob fragt seinen Großvater, einen renommierten Mathematik-Professor, was passieren würde, wenn jemand den Algorithmus errät. Er antwortet, dass der Algorithmus jedem zur Verfügung steht, der sich für ihn interessiert. Er steht in vielen Büchern und im Internet. Denn gemäß Kerckhoffs' Maxime besteht die Herausforderung der Entwicklung einer guten Verschlüsselungsmethode nicht in der Geheimhaltung des Algorithmus, sondern in der der Schlüssel. Weder der Algorithmus, noch, wenn vorhanden, der/die anderen Schlüssel dürfen auf einen Schlüssel folgern lassen. Dies ist bei dem RSA-Verfahren durch ein bis heute ungelöstes mathematisches Problem gegeben. Primzahlen begeistern die Menschen schon immer. Sie weisen nach dem heutigen Forschungsstand keine feste Struktur auf und sind geheimnisvoll, was sich die Erfinder des Algorithmus zunutze machten. Die Theorie besagt, dass es zwar möglich ist, Wasser und Kaffeepulver durch einen Filter zu gießen, es aber wiederum nicht möglich ist, das entstandene koffeinhaltige Endprodukt wieder in seine eigentlichen Bestandteile zu trennen. Es ist möglich, um die Zahl N zu erhalten, zwei Primzahlen p und q zu multiplizieren. Es ist wiederrum bei einem großen Modul nicht in absehbarer Zeit die Zahl N in ihre ursprünglichen Primfaktoren p und q zu zerlegen. Man sollte aber beachten, dass der private Schlüssel zwar indirekt mit den Primfaktoren p und q zu tun hat, allerdings werden alle in 2.2 folgenden Berechnungen unter anderem mit N durchgeführt. Die Primfaktoren p und q sollte man also schnell entsorgen, weil sie nach der Berechnung des sogenannten RSA-Moduls N keinen Wert mehr erfüllen. Bob hilft Alice, einen öffentlichen und einen privaten Schlüssel zu berechnen. Natürlich hält Bob sich bei der Betätigung der Ergebnistaste des Taschenrechners bei der Berechnung des privaten Schlüssels von Alice die Augen zu. Bob notiert sich Alice' öffentlichen Schlüssel. Auch Bob errechnet seine Schlüssel und händigt Alice seinen öffentlichen Schlüssel aus. Die beiden verabschieden sich und probieren das Verfahren heimlich in der Mathematikstunde aus. Dann hätten sie bei einer Entdeckung des geheimen Nachrichtenaustausches durch den Lehrer wenigstens das Motiv, dass sie sich lieber mit höherer Mathematik als mit Trigonometrie beschäftigen. Bob möchte Alice eine romantische Liebesbotschaft per Zettel übermitteln. Für die Verschlüsselung benötigt er den öffentlichen Schlüssel von Alice. Mit dem RSA-Verfahren kann nämlich nur gezielt an einen bestimmten Empfänger verschlüsselt werden. Eine verschlüsselte Flaschenpost ist also ohne Beilage des privaten Schlüssels nicht möglich. Wenn Partner A mit dem öffentlichen Schlüssel von Partner B eine Nachricht für Partner B verschlüsselt, kann auch nur Partner B diese Nachricht entschlüsseln, weil nur er im Besitz seines privaten Schlüssels ist. Ein Angreifer könnte zwar die Nachricht abgreifen, aber er könnte mit seinem privaten Schlüssel nichts anfangen, weil die Nachricht mit dem öffentlichen Schlüssel von Partner B, nicht mit dem des Angreifers, verschlüsselt worden ist. Bob konvertiert anschließend seine vor Romantik strotzende Nachricht in Zahlen, indem er die Buchstaben in ihre Stellung im Alphabet übersetzt. Der Buchstabe

‚a' wird zum Beispiel zu 1, ‚b' wird zu 2 und ‚c' wird zu 3. Darauf-folgend berechnet er den verschlüsselten Text, in dem er Wort für Wort mit dem öffentlichen Schlüssel von Alice verschlüsselt und einen Bindestrich als Trennzeichen und zwei aufeinanderfolgende Nullen als Leerzeichen benutzt. Nun zerknüllt er einen Zettel, auf dem seine im wahrsten Sinne des Wortes kryptische und durch Bindestriche getrennte Zahlenfolge steht. Alice empfängt seine Botschaft und versucht, seine Nachricht mit ihrem privaten Schlüssel zu entschlüsseln. Als Alice im Gesicht rot wird und lä-chelt, vermutet Bob, dass Alice die Nachricht mit ihrem privaten Schlüssel korrekt entschlüsselt hat. Seitdem schreiben beide viele verschlüsselte Briefe. Einige davon wurden zwar wieder geöffnet, aber anscheinend ohne Erfolg, denn Max hat keine Beweise veröf-fentlicht und stattdessen das Liebesgerücht dem Gerücht weichen lassen, dass Alice und Bob zwei Freaks sind, die mit Zahlen kom-munizieren.

2.2 Berechnung der Schlüssel

Bei einem asymmetrischen Kryptosystem gibt es, wie schon in 2.1 erwähnt, mehr als einen Schlüssel. Um zu gewährleisten, dass sich von dem öffentlichen Schlüssel nicht auf den privaten Schlüs-sel schließen lässt, nutzt man das bis jetzt ungelöste Problem der Primfaktorisierung von sehr großen Zahlen. Zu Beginn der Rech-nung berechnet man das RSA-Modul N. Seien p und q zwei Prim-zahlen. In der Praxis sind diese von einer sehr großen Höhe. Für das RSA-Modul gilt: $N = p * q$. Eine kleine Information am Rande: In der Theorie könnte ich Ihnen getrost N geben, da es Ihnen in näherer Zeit nicht möglich sein wird, N auf p und q zurückzufüh-ren. Die Faktoren p und q sollten Sie direkt nach der Berechnung von N entsorgen, weil sie keine weitere Bedeutung für die folgen-den Berechnungen haben werden. Als nächstes rechnet man mit-hilfe der Eulerschen Phi-Funktion eine Zahl aus, die angibt, wie viele zu n teilerfremde und natürliche Zahlen existieren, die nicht größer als das gegebene Argument n sind. Für unsere Variable phi, die uns in den nächsten Schritten begleitet, gilt: phi = (p-1) * (q-1). Als nächstes wählt man die Verschlüsselungszahl e (engl. "encryption" für Verschlüsselung), die zusammen mit N den öffentlichen Schlüssel ergeben wird. Für e gilt: $1 < e < n$ und ggT(e, phi) = 1 (e teilerfremd zu phi). Der private Schlüssel ergibt sich aus dem Modul N und der Entschlüsselungszahl d (engl. "decryption" für Entschlüsselung). Wie auch beim öffentlichem Schlüssel ist das Modul N der Partner der Zahl. Für d gilt: e * d = 1 mod phi. Der euklidische Algorithmus wird häufig als Berechnungsmethode von d angewandt.

2.3 Ver- und Entschlüsselung

Wie schon im Beispiel von Alice und Bob erwähnt, ist zuerst die Umwandlung von Zahlen in Buchstaben notwendig. Gängig ist hierbei die Übersetzung des Buchstabens in seine Stellung im Alphabet („a' wird zu 1, ‚b' wird zu 2). Für die Verschlüsselung ist lediglich der öffentliche Schlüssel, bestehend aus dem RSA-Modul N und der Verschlüsselungszahl e, nötig. Häufig findet eine Aufspaltung der verschlüsselten Nachricht Anwendung, sodass jeder Buchstabe einzeln verschlüsselt wird. Die entstandenen Zahlen werden am Ende mit einem Trennzeichen (gängig sind Leerzeichen oder Bindestriche) voneinander getrennt, sodass bei der späteren Entschlüsselung der Nachricht, bei der auch jede Zahl einzeln entschlüsselt wird, eine Zahl von der anderen unterschieden werden kann. Man hält m (engl. „message") als Variable für den Klartext fest. Für das Verschlüsselungsergebnis c (engl. „cipher") gilt: $c = m^e$ mod n. Um die Nachricht zu entschlüsseln, benötigt man das RSA-Modul N und die Entschlüsselungszahl d. Für unsere Klartextvariable m gilt: $m = c^d$ mod n. Die Zahl, die sich aus dieser Berechnung ergibt, muss natürlich, vorausgesetzt, man hat die Alphabet-Übersetzung als Konvertierungsmethode angewandt, wieder in das Alphabet übertragen werden (z.B. 1 wird zu ‚a', 2 wird zu ‚b'). Falls man eine Nachricht entschlüsselt, bei der mehrere Buchstaben verschlüsselt wurden, muss man dieselbe Entschlüsselungsformel auf die anderen Buchstaben anwenden und diese dann in das Al- phabet übertragen. Hierbei sind, falls gewählt, Trennzeichen von Vorteil, da man dank ihnen weiß, wann eine Zahl zu Ende ist und wann eine neue beginnt. Der Vorgang wird durch die Verkettung der Ergebnisse finalisiert.

2.4 Alice und Bob in der Moderne

Unsere Kommunikationspartner Alice und Bob haben auch in der Moderne die Möglichkeit, verschlüsselte Konversationen zu führen. Das RSA-Verfahren findet oft bei der eMail-Verschlüsselung und -Signatur Anwendung. Ein gängiger Standard bei dem Vorgang des verschlüsselten Datenaustauschs ist S/MIME (Abkürzung für "Secure / Multipurpose Internet Mail Extensions"). Bei diesem Standard wird ein hybrides Verschlüsselungsverfahren zum Chiffrieren des Inhalts einer eMail angewandt. Bei der hybriden Verschlüsselung wird ein asymmetrisches Kryptosystem (mehrere Schlüssel, z.B. RSA) mit einem symmetrischen Kryptosystem (ein Schlüssel, z.B. AES) kombiniert. Das RSA-Verfahren ist mindestens um den Faktor 1000 langsamer als seine Konkurrenten 3DES und AES. Deshalb liegt der Part eines asymmetrischen Kryptosystems bei einer hybriden Verschlüsselung bei dem Schlüsselaustausch für das jeweilige symmetrische Kryptosystem, dessen Part das Verschlüsseln der Nachricht ist. Zur Verschlüsselung muss der Verfasser der Nachricht den öffentlichen Schlüssel seines Empfängers kennen. Der öffentliche Schlüssel befindet sich in dem Zertifikat des Empfängers. Es reicht bereits eine eMail des Empfängers, da er in jeder eMail sein Zertifikat und somit auch seinen öffentlichen Schlüssel mitsendet. Der Computer verknüpft den öffentlichen Schlüssel mit dem Kontakt im Adressbuch und speichert diesen. Um einen öffentlichen Schlüssel zu erhalten, ist eine Verifikation bei einer Zertifikationsstelle nötig. Diese überprüft die Identität des Kunden, sodass bei einer späteren Signatur einer eMail der Empfänger immer davon ausgehen kann, dass diese Signatur zu dem Absender gehört, von dem die Nachricht tatsächlich stammt. Außerdem ist das RSA-Verfahren für die Verschlüsselung der Übertragungsprotokolle IPSec, TLS, SSH und WASTE zuständig.

3   Das RSAODN-Verfahren

3.1   Das Konzept

Das RSA-Verfahren ist aktuell, je nach Anwendung, sicher. Allerdings gibt es immer noch Sicherheitsbedenken bei der Anwendung dieses Verschlüsselungsverfahrens auf Texte, da es einem Angreifer möglich ist, eine Klarzahl mit dem öffentlichen Schlüssel zu verschlüsseln und ihn mit der zu entschlüsselnden Zahl zu vergleichen. Wenn der Angreifer ganze Tabellen mit solchen Vergleichen anlegt, sind oft Gemeinsamkeiten zu erkennen. Wenn beispielsweise bestimmte Wörter vermutet werden, könnte der Angreifer diese in Zahlen umwandeln und mit dem bekannten öffentlichen Schlüssel verschlüsseln. Ist die erwartete Zahlenfolge in der zu entschlüsselnden Menge der Geheimzahlen vorhanden, können die Buchstaben in einem Alphabet zusammengetragen werden, das sich mit den Buchstaben von weiteren erwarteten Wörtern ergänzt. Somit kann der Text, ohne den privaten Schlüssel zu kennen, entschlüsselt werden. Viel leichter können natürlich auch Zahlen erraten werden. Genau hier setzt das RSAODN-Verfahren (Rivest Shamir Adleman Only Different Numbers) an. Zusätzlich zum öffentlichen und privaten Schlüssel gibt es zwei weitere semi-private Schlüssel. Diese Schlüssel besitzen nur Kommunikationspartner, die gegenseitigen Nachrichtenverkehr erwarten. Sei i eine natürliche Iterationszahl und modi eine natürliche Modifikationszahl. Die Anwendung des RSAODN-Verfahrens hat das Ziel, dass keine Zahl in einer Nachricht zweimal vorkommt, egal, ob Zahlen mehrmals verwendet wurden. Nachdem ich einige Ansätze verwarf, kam mir der entscheidende Einfall, dass jede Zahl unterschiedlich aussehen muss, um keine Rückschlüsse zuzulassen. Das grundlegende Konzept habe ich mir von der Verschlüsse-

11

lungsmaschine „Enigma" abgeschaut. Bei dieser gibt es Zifferwal-
zen, welche sich nach jedem Tastendruck um eine Position wei-
terdrehen. Beim RSAODN-Verfahren ist die Anzahl der Drehungen
variabel als i festgelegt. Die Drehung der Walzen ist allerdings die
einzige Gemeinsamkeit gegenüber der „Enigma". Der Verschlüs-
selungsalgorithmus bleibt beim RSAODN-Verfahren unverändert
gegenüber dem RSA-Verfahren bestehen. Außerdem kommt die
Iterationszahl i zum Einsatz. Sei n die Zahl der Durchgänge einer
Verschlüsselung (Ein Durchgang entspricht einer verschlüsselten
Zahl). Wenn wir also gerade die erste Zahl einer Nachricht verschlüsseln und dessen Wert 513 ist, addieren wir den n-ten Faktor
(in diesem Beispiel gilt n=1 (erster Durchgang)) der Iterationszahl i
auf diese Zahl. Das ergibt bei der Annahme, dass i 21 ist, 534.
Sollte unsere nächste nun wieder eine Zahl mit dem Wert 513
sein, wäre das Ergebnis nicht wie bei der vorherigen Zahl 534
sondern 555, da wir wegen des 2. Durchgangs nun 42 auf unsere
Zahl addieren. Nach einer weiteren Verschleierung des Ergebnis-
ses findet die Verschlüsselung der Zahl mit dem regulären RSA-
Algorithmus statt.

3.2 Modifikation der Zahlen und Verschlüsselung

Zur Berechnung einer modifizierten Zahl m_{ODN} gilt: $m_{ODN} = (m + (n * i))^{modi}$

Abschließend werden die modifizierten Zahlen der Reihe nach
mithilfe des RSA-Algorithmus verschlüsselt.

3.3 Entmodifikation der Zahlen und Entschlüsselung

Nachdem die verschlüsselte modifizierte Zahl c mithilfe des priva-
ten Schlüssels zur modifizierten (Klarzahl) m_{ODN} entschlüsselt
worden ist, beginnt die Entmodifikation der modifizierten Klarzahl.
Wir halten m_{ODN} als modifizierte Zahl und m als entmodifizierte
Zahl fest. Auch hier hält man für n für die Anzahl der Durchgänge
(Ein Durchgang entspricht einer entschlüsselten Zahl) fest. Für m

gilt: $m = (\sqrt[modi]{(m_{ODN})} - (n * i))$. Wurden alle Schlüssel korrekt übermittelt und die Formeln fehlerlos angewandt, sollte das Ergebnis der zu übermittelnden Zahl entsprechen.

3.4   Anwendungsmöglichkeiten

Die Anwendungsmöglichkeiten sind beim RSAODN-Verfahren weitaus größer als beim RSA-Verfahren, da der Angreifer beim Vergleich eines Chiffrats mit einem erratenen Klartext kein brauchbares Ergebnis erhält. Egal, wie oft der gleiche Buchstabe in einem Text vorkommt, wird nie eine Zahl doppelt auftreten. Der Angreifer benötigt die zwei semi-privaten Schlüssel, um auf die richtigen Buchstaben zu schließen. Somit eröffnet sich die Möglichkeit, von der man grundsätzlich abrät: Texte verschlüsseln. Nun können auch eMails komplett ohne Anwendung eines zweiten Verfahrens verschlüsselt versendet werden. Praktisch eignet sich das RSAODN-Verfahren für jede Anwendungsmöglichkeit, die sich über einen kurzen Zeitraum streckt (z.B. ein Angriffsbefehl an eine Kampftruppe). Definitiv sind die Sicherheitskomponenten des RSAODN-Verfahrens umgehbar, vermutlich aber nicht in kurzer Zeit.

4   Vergleich mit dem RSA-Verfahren

Dieser Vergleich bezieht sich hauptsächlich auf die Sicherheit der zu untersuchenden Verfahren. Das RSA-Verfahren birgt ein wesentliches Sicherheitsproblem, dessen Zeitpunkt der Ausnutzung nur grob geschätzt werden kann. Das RSA-Verfahren ist also nicht für die ewige Anwendung geeignet. Das kann man von dem RSAODN-Verfahren aber auch behaupten, da Computer irgendwann fähig sein werden, auf die zwei zusätzlichen Schlüssel zu schließen. Allerdings beseitigt RSAODN die drei großen Probleme des RSA-Verfahrens, die allgemein als RSAP, RSAP* und FACTORING bekannt sind. Alle drei Probleme beschäftigen sich mit der Möglichkeit, den privaten Schlüssel zu erhalten und somit die

Geheimzahl c zu entschlüsseln. Selbst wenn der private Schlüssel durch Ausnutzung eines der oben genannten Probleme erschlossen wird, ist es dem Angreifer durch die zwei zusätzlichen Schlüssel noch lange nicht möglich, den Klartext zu erhalten. Da die Menge aller Geheimzahlen einer Nachricht c im RSAODN-Verfahren keine einzige Zahl mehrfach enthält, kann ein Angreifer gefahrlos versuchen, die Klarzahlen zu raten. Wenn der Angreifer beispielsweise einen Angriffsbefehl erwartet, könnte er das Wort „Angriff" mit dem öffentlichen Schlüssel des Empfängers der Nachricht verschlüsseln. Findet der Angreifer dieselbe Zahlenkombination auch im Chiffrat, kann er ein Alphabet aufbauen, mit welchem er sich wiederum weitere Buchstaben erschließen kann, bis es komplett ist. Somit könnte der Klartext auch ohne Kenntnis vom privaten Schlüssel in falsche Hände geraten. Dies ist aber beim RSAODN-Verfahren nicht möglich, da der Angreifer, um einen Klartext zu erraten, die zwei semi-privaten Schlüssel benötigt, die er im Idealfall nicht besitzt. Er benötigt die zwei Schlüssel, weil der Angreifer bspw. den Buchstaben A mit dem Buchstabenwert 1 erst mit der, mit der Anzahl von Durchgängen multiplizierten, Iterationszahl i addieren und das Ergebnis mit der Modifikationszahl modi potenzieren muss. Somit werden diese Möglichkeit des Angriffs und die Ausnutzung von den drei Problemen des RSA-Verfahrens ausgeschlossen und das RSAODN- Verfahren somit sehr sicher. Die Anwendung dieses Verfahrens ist sehr simpel, wenn man nicht nur die Formel, sondern auch das rein theoretische betrachtet. Durch die eine optionale Division des Buchstabenwertes ist die Zahl angemessen klein und kann problemlos mit einer Rechenmaschine schnell und einfach errechnet werden. Die 2. Stufe der Verschlüsselung durch das bereits untersuchte RSA-Verfahren gelingt ebenfalls einfach und schnell. Allerdings kann das RSA-Verfahren hier mit seiner einfachen Anwendbarkeit punkten, da das eigentliche Verfahren durch den Wegfall der 1. Verschlüsselungsstufe (Iteration der Buchstabenwerte) schneller und einfacher anwendbar ist. Außerdem ist das RSA-Verfahren um einiges benutzerfreundlicher, da es nur einen öffentlichen Schlüssel hat, den es auszutauschen gilt, um einen gegenseitigen Nachrichtenaustausch möglich zu machen. Das Problem des RSAODN-Verfahrens liegt vor allem darin, dass nicht jedermann einem anderen Menschen einen verschlüsselten Brief zukommen lassen kann. Erst ist der Austausch der zwei semi-privaten Schlüssel notwendig, um einen gegenseitigen Nachrichtenaustausch zu ermöglichen. Das nächste Problem liegt beim Schlüsselaustausch, da man zuerst die zwei semi-privaten Schlüssel benötigt. Allerdings ist der große Pluspunkt des RSAODN-Verfahrens definitiv die Sicherheit, für welche man mangelnde Benutzerfreundlichkeit getrost in Kauf nehmen kann.

5   Schlusswort

Ich habe immer gedacht, dass die Kryptologie "nur" eine Wissenschaft der Mathematik wäre. Das Verfassen dieser Arbeit und das Ausklügeln eines verbesserten RSA-Verfahrens hat mich allerdings eines Besseren belehrt. Es ist eine Wissenschaft der Kreativität, Logik und der Strategie. Mit einer Spur von Überheblichkeit ging ich an die Aufgabe, eine Verschlüsselungsmethode zu entwickeln, heran. Schnell bemerkte ich, dass ich die Schwierigkeit falsch eingeschätzt hatte: Eine Mischung aus Geduld, Kreativität und Konzentration ist notwendig, um ein sicheres und einfach anwendbares Verschlüsselungsverfahren zu entwickeln. Mit der Hoffnung, Ihnen das RSA- und das RSAODN-Verfahren ein wenig näher gebracht zu haben, bedanke ich mich für das Lesen der Arbeit.

6   Anhang

6.1   Literaturverzeichnis

(1)   Beth, T. / Heß, P. / Wirl, K. / Richter, L. (hg.) / Stucky, W. (hg.): Kryptographie. 1983. Stuttgart. Leitfäden der angewandten Informatik, 205 Seiten.

(2)   Beutelspacher, A.: Geheimsprachen, Geschichte und Techniken. 1997. München. Beck'scheReihe, 127 Seiten.

(3)   Beutelspacher, A. / Schwenk, J. / Wolfenstetter, K.-D.: Moderne Verfahren der Kryptographie. 1995. Braunschweig/Wiesbaden, 140 Seiten.

(4)   Beutelspacher, A. / Schwenk, J. /Wolfenstetter, K.-D.: Moderne Verfahren der Kryptographie. 3. Auflage 1999. Braunschweig/Wiesbaden, 143 Seiten.

(5)   Wikipedia-Autoren (siehe Versionsgeschichte): RSA-Kryptosystem.   https://de.wikipedia.org/wiki/RSA-Kryptosystem